Tinhinane Yettou

Nos fresques

Tinhinane Yettou

Nos fresques

Poèmes pour enfants

Éditions Muse

Cover image: www.ingimage.com

Publisher:
Éditions Muse
is a trademark of
Dodo Books Indian Ocean Ltd. and OmniScriptum S.R.L publishing group

120 High Road, East Finchley, London, N2 9ED, United Kingdom
Str. Armeneasca 28/1, office 1, Chisinau MD-2012, Republic of Moldova, Europe
Printed at: see last page
ISBN: 978-620-4-96571-0

Tinhinane Yettou

Nos fresques.

Poèmes pour enfants.

A mes camarades de classe…

I

Les saisons.

L'hiver.

Voici venu l'hiver,
Ses averses, son vent.
Où sont tous nos prés verts?
Où est notre printemps?...

La rosée de jadis,
Du givre, devenue.
On tombe car ça glisse !
Ces quoi ces arbres nus?...

Seulement, quand il neige,
Il y a de la joie.
Un bonhomme de neige,
Ne sent jamais le froid !...

*

L'automne

1

Lorsqu'un matin, l'automne arrive,
Avec un air gai de la brise,
Mêlé au chant doux de la grive,
C'est enfin le temps des cerises...

Seulement, il y a du vent !
Les feuilles des arbres voltigent.
Grimper sur les cimes, comment?
Gare aux amateurs de vertiges !...

"Une pomme chaque matin,
Ce que tout le monde se dit,
Nous éloigne du médecin."
Alors, disons...bon appétit !...

*

L'automne

2

Voici venu l'automne,
Les feuilles qui frissonnent,
Au loin, elles voltigent.
Sous le froid, on fige…

Et quand souffle le vent,
Nous voilà sous l'auvent.
Car voilà la pluie ;
Fini le ciel qui luit…

Tout annonce l'hiver.
Alors, nos cœurs se serrent.
La saison regrettée :
Le formidable été !...

*

L’été

Et vive l'été !
Vive le soleil !
On l'a bien fêté,
L’été des merveilles...

Visages hâlés,
Nous voilà chez soi.
Qui est Mangalet?
Et qui est l'hongrois?...

Ces gens au teint pâle
Qui nous dévisagent :
"Qu'ils sont beaux ces mâles !
Ah ! si j'ai leur âge !... »

L'école à l'oubli !
Cette institutrice !
Ses notes, ses cris,
Ha! Ha ! Ses...varices !...

Nous aimons l'été;
Les plages sont belles!
C'est la liberté
Qui donne des ailes...

*

Le printemps.

Quand on voit venir l'hirondelle,
Et quand les amandiers fleurissent,
Les oiseaux migrent en kyrielles;
Le soleil, dans le ciel, se glisse...

Le printemps arrive en beauté :
Tout chante, tout luit, tout s'éveille.
L'hiver, dans ses puits, est jeté !
Et devant nous, l'été sommeille...

Où l'on va, on trouve des roses
Et des brebis dans les pacages.
Pendant l'hiver, c'est autre chose :
Nous ne pouvons pas être sages !...

Si le printemps est éternel !
Cela sera   le paradis !
Ni orages, ni vents, ni grêle !
Qu'elle sera belle la vie !...

*

II

Les voyages.

Le train.

La locomotive
Tire ses wagons.
Doucement, arrive
Gare de Lyon.

Vive les vacances !
Et vive le train !
Chantons des romances !
Serrons-nous les mains !...

Dans toutes les gares,
Il ya du monde.
Prêts pour le départ,
Pour le tour du monde !...

Valises en main,
Nous voilà partis,
Dans le plus beau train
Qui soit dans la vie...

*

Le bateau.

En mer comme dans l'océan,
Le bateau que n'arrête rien,
Et qui était jadis géant,
Parait comme un lilliputien...

Mais il vogue, majestueux.
Il scintille comme une étoile,
Déchire les eaux, orgueilleux,
Et s'en va, déployant ses voiles...

Devant lui, les horizons s'ouvrent,
Depuis l'aurore au crépuscule.
Plusieurs beaux tableaux se découvrent,
A rendre le peintre obnubile...

Au débarquement, dans les ports,
La joie se lit sur les visages.
On exhibe nos passeports,
Avant de voir les paysages...

Voyager par bateau, c'est bien,
C'est romantique, c'est joli !
On se voit; on se fait des liens
Car il le faut : c'est ça la vie !...

*

La voiture.

Autrefois, à Toulon, nous avions un tacot.
Il allait à Paris, la famille dedans.
Tout le long du trajet, faisant des soubresauts,
Accélérant tout seul, dansant et gémissant...

Il était de couleur blanche comme la laine,
Jamais invisible et jamais silencieux.
Et dans les venelles il zigzaguait sans peine,
Faisant crisser les pneus sans qu'il ne soit soucieux...

"Vieux clou" comme on l'appelle, était notre foyer:
Il nous abritait quand il pleut ou par temps chaud.
On dormait dedans, oui ! Sans payer le loyer !
Et lui, exténué, faisait aussi dodo...

Il a fêté ses trente années, le mois de Mai.
C'est vrai qu'il vieillissait, notre pauvre tacot !
Mais "Jamais de voiture après elle, jamais !".
Oui, mon père et ma mère ont dit leur dernier mot !...

*

L'avion.

Voir les montagnes d'en haut et la mer,
Quand j'étais enfant, j'en rêvais beaucoup.
Et toutes les nuits, mon père et ma mère,
Avant de dormir, me racontaient tout...

Icare et Ader, grands innovateurs,
Comme des oiseaux dans le firmament !
Et ceux d'après, tous ces constructeurs,
Ces génies qui ont oeuvré brillamment...

Le monde d'aujourd'hui, devenu petit :
Paris ou Londres, c'est plus en un jour !
Et les continents sont tous réunis :
On y va tout droit sans aucun détour...

*

Le cheval et la diligence.

Les diligences de jadis,
Aujourd'hui, des doigts désignées,
Avec élégance, se glissent
Entre les arbres alignés...

Cheval ou chameau, c'est pareil !
Ils s'acharnent, de bonne foi.
N'ont ni ailes, ni appareil;
Ils reconnaissent notre voix...

Ils ne sont guère polluants.
Ils ne nous coûtent presque rien !
Ce ne sont que des ruminants :
Foin ou paille, pour eux, c'est bien...

*

III

Les métiers.

Le maçon.

Julien rêvait d'être maçon,
Quand il a vu, dès ses quinze ans,
A Nice, sa belle maison.
Il racontait tout aux enfants...

Une brique, au toucher, c'est beau !
L'art d'aligner, de mesurer;
Unir sable, ciment et eau,
Autant que cela puisse durer...

Elever des murs bien crépis,
C'est pas donné à tout le monde !
Le maçon n'a pas de répit :
C'est qu'il n'aime pas qu'on le gronde !...

Tous ces châteaux, toutes ces tours;
Les belles rues, jolies façades;
Et toutes ces villas autour,
C'est à rendre, d'envie, malade...

Et Julien, un soir, à la plage,
Construisit son premier château.
Et tous les jeunes de son âge
Le trouvèrent tellement beau !...

*

Le mécanicien.

C'est le médecin des tacots !
Ce mécanicien, qu'il est beau !
Malgré toutes ses tâches noires
Collées à sa peau, faut le voir !...
Matin   et soir, il est à l'oeuvre,
Avec ses apprentis-manoeuvres,
Près des voitures éventrées.
Au garage, se rencontraient...
L'une a mal au « pied », l'autre aux « yeux »;
L'autre à « la peau »; l'autre à l'essieu...
Voici celle qui est grippée !
Et celle qui est "constipée" !...
Mais lui, il a tous les remèdes
A ces sortes de palmipèdes...
Nous aimons le mécanicien
Car, sans lui, les tacots sont rien...

*

Le plombier.

Entendre l'eau couler la nuit,
C'est le plus importun des bruits !
Et ça rend malade, les fuites !
Faut les réparer tout de suite !...
Ces robinets et ces tuyaux,
On y met, en dessous, des seaux.
Mais, c'est pas du tout agréable !
Oh ! Cher plombier, sois aimable !...
Et voilà ! Tout marche à merveille !
Et l'eau, dans les tuyaux, sommeille...
Il reste le gaz...Ah ! Encore !
Et c'est dangereux ! Faut qu'on sort !
Notre plombier : "Soyez sans crainte !
Arrêtez donc toutes ces plaintes ! »
Faut changer tous les tuyaux, oui !
Pour être tranquille...la nuit."...

*

Le menuisier.

Mon berceau d'autrefois
Est fabriqué en bois.
Voire notre maison,
Enfin, c'est les cloisons...
Aussi, le mobilier;
Tout vient du menuisier !
En pensant à l'école;
Toutes ces années folles...
Pupitres et tableaux;
Et gravures muraux;
Les crayons de couleurs,
On en fait des fleurs !...
Tout vient du bois scié.
Tout vient du menuisier.

*

IV

La pêche- La chasse.

La pêche à la main.

Je me souviens, quand j'étais môme,
En bande de quatre copains,
On suivait l'exemple des hommes;
On allait pêcher à la main...

C'est deux beaux loisirs à la fois :
Pêcher, en même temps, nager.
Quelle aventure ! Quelle joie !
Et les poissons, on les mangeait...

Les indiens des films, imités,
Voici des feux de bois dressés.
Tout s'animait, tout s'agitait.
Et on chantait. Et on dansait...

*

Les pigeons.

L'appât, fortuitement jeté,
Sur le palier de notre porte,
Voici qu'un pigeon entêté,
A une aventure, se porte...

D'un coup, il est dans le couloir,
Guidé juste par ses instincts.
Et le voici dans le boudoir,
Là où l'attendait un festin...

Il trouve le riz à son goût...
Chasser le pigeon de la sorte,
L'idée vient de cet oiseau fou :
Laisser juste ouverte, la porte !...

*

Le goret.

Le fusil de mon grand- père,
De ses grosses mains, s'en sert
Pour tuer les sangliers
Et aussi d'autre gibier...
Je me souviens qu'un matin,
Dans sa robe de satin,
Il vit passer un goret
Evadé de la forêt.
Alors, grand-père, d'instinct,
De joie, se frottait les mains.
Déjà, il a son fusil.
Alors que le goret file,
Son gros doigt sur la gâchette,
Quand, soudain, de ma cachette,
J'émets un terrible cri.
Et l'homme et l'animal gris,
Tombent par terre, de peur.
Et moi, qui fus de tout coeur,
J'abandonnai mon grand-père;
Et le sanglier, je serre
Dans mes bras, comme un enfant.
Mais, le vieillard, se levant,
Et, de ses puissantes mains,
A ma capture, il mit fin.
Sachant que je l'ai chassé,
Il ne m’a point tabassé...
Le goret reste pour moi.
Dans ma chambre, il mange, il boit...

*

Le pêcheur.

Les brumes de l'aurore
Aspirent le voilier.
Quand, tout le monde dort,
Au chaud, sur le sommier...

On jette les filets,
Le tangage, malgré.
Marins aux mains gelées;
Aux risques, ils sont prêts...

La joie sur les visages,
Le vieux bateau craquait.
il revient au rivage,
Le trésor embarqué.

*

Le pâtre

Lorsqu'au crépuscule, quand tout devient paisible,
Et lorsqu' à l'horizon, tout annonce la nuit,
Le voici qui revient, marchant d'un pas pénible,
Au centre du troupeau qui s'avance sous la nuit…

Le pâtre du hameau, appuyé sur sa canne,
Parcourt la plaine, puis traverse la rivière ;
Il prend une ascension au cœur de la savane,
Fredonne un air avant de faire sa prière…

La journée terminée, long et noble labeur ;
Le vieillard est chez lui, cerné par ses enfants.
Ainsi est sa vie, et ainsi est son bonheur.
Il se repose dans la joie du jour suivant…

*

V

Astronomie.

L’univers

Et Dieu créa l'univers,
Toute son immensité.
Gloire à Lui, notre père;
Tout, dans les Livres, cité...

Il créa aussi la Terre,
Qui tourne autour du soleil.
Uranus que l'anneau serre,
Et Neptune, au loin, sommeille...

La lune est une planète;
Autour de la terre, tourne.
Elle est si belle et chouette;
Dans ma chambre, elle séjourne...

Les étoiles qui rutilent
Une nuit chaude d'été,
Elles sont toutes utiles :
Qui les voit est orienté...

Et la mystérieuse Mars,
Qu'habitent des êtres verts(?)…
Est-ce vrai ou une farce?
Qu'il est beau notre univers !...

*

L'océan

L'océan infini m'emmure, et j'ai si peur !
A l'oreille, il me dit : « Etre lilliputien,
Sur mon dos, tu marches, quoique tu ne sois rien.
A présent, je puis dire, ou tu vis, ou tu meures … »

Il ouvre grand la gueule, et un gouffre apparut.
Dans l'antre du fauve marin, moi, je m'enfonce…
Mon énorme vaisseau réduit en une ronce ;
Il craque, vomit, agonit, puis il s'en fut…

« Mais, où est ta force ?, les vagues, me crient ;
Qu'en est-il de tes dons, tes rages d'autrefois ?
Surpasses donc ta peur, oh ! Toi, être sans foi… »
Et le grand vent siffle ; et l'océan qui rit…

Et moi qui voyais venir la fin, je médite :
Quelle est donc la force qui a créé cela ?
Qui faudrait-il prier, avant cet au-delà ?...
C'est Le-Tout- Puissant, Dieu, que les beaux livres dictent…

*

Le soleil

Les ténèbres s'en vont, dès l'aube,
Lorsqu'un long fil blanc apparaît.
Lentement, scintille le globe :
Voici la nuit qui disparaît…

Au loin, surgit un disque d'or :
Voici que naît le jour, enfin.
Il brillera longtemps encore,
Avant qu'arrive son déclin…

Au crépuscule, et à l'ouest,
Sur un très beau pourpre, il s'incline.
Pendant toute une nuit, il reste :
Le tout par la grâce divine.

*

La lune

Pendant les vacances d'été,
A la campagne, on est allé.
Toute la bande, on y était,
Pour oublier notre vallée…

Notre première sombre nuit,
J'en profitai pour voir la lune.
Admirablement, elle luit,
Comme elle, il n'y en a aucune…

Elle fait comme les enfants
Elle joue bien à cache-cache !
Et le vent qui vient en sifflant,
Pousse les nuages, se fâche !…

Voici, les étoiles s'amusent …
Aussi, la lune est souriante !
Elles voyagent, ne s'épuisent ;
Et toujours belles et brillantes !…

*

Les planètes.

Neuf planètes, avec la Terre…
Si l'on a froid, il y a Mars !
Si l'on a chaud, c'est…Jupiter !
Mais non, ce n'est pas une farce !

Parce qu'il y a toutes ces fusées !
Enfin…pour le cas de Neptune,
Pluton…elles vont bien s'user…
Parce que c'est loin, loin que la lune !…

C'est tellement jolie, Vénus !
Joli nom aussi, romantique !
Mais il y a aussi Uranus !
Et Mercure, tous magnifiques !

N'ai-je pas oublié Saturne ?
Parce ce qu'il tourne, comme son nom !
Et dans leur univers nocturne,
Leur existence est   belle, non ?

*

La Terre

Autour du soleil, elle tourne.
Et la lune tourne autour d'elle !
Elle est magnifique et très belle !
Sur elle tant d'êtres séjournent…

Pacifique, Atlantique, Indien,
Ce sont des océans, mais oui !
Mais Austral et Arctique aussi !
Cinq en tout, si on compte bien…

Mais il y a aussi les mers !
Combien, d'après-vous ? Devinez !
C'est avant que vous soyez nés,
Qu'elles existent, m'a dit ma mère…

Vous avez dit sept, mais c'est vrai !
Ses collines peintes en vert ;
Son ciel est bleu ; mais c'est la Terre !
Et c'est moi qui te l'apprendrai !...

*

VI

Nature et environnement

L'arbre

L'arbre est salutaire ;
Comme nous, il vit.
L'oxygène de l'air,
De lui, il surgit…

Fruits de l'automne,
Comme l'arc-en-ciel,
Rouge, vert, bleu, jaune…
Poire au goût de miel…

Le bois, sauf le marbre !
Et ceux des bateaux,
Ils viennent de l'arbre !
Même mon berceau !...

Et l'ombre en été,
Quand il fait très chaud,
Et bien, qui le fait ?...
C'est l'arbre, le beau !...

*

Le vent

L'eucalyptus, comme un roseau,
Courbe l'échine.
Et sa plainte fait, sur les eaux,
Des rides fines…

Le vent devient une tempête,
Folle, si folle !
Les toitures, de taule faites,
Elles s'envolent…

On crie ; on appelle ; on s'agite ;
On se protège !
Un lièvre saute dans son gîte.
Ah ! C'est un piège !...

Un enfant espiègle le vit.
Il tend la main.
De bonheur, il jubile, il rit :
« C'est un lapin ! »…

*

Dame nature en colère.

Un calme précaire régnait…
Sur la vaste étendue de sable.
Les dunes dans la paix baignaient ;
Dorées au soleil, inlassables…

Du firmament jadis si bleu,
Naquit ce semblant de nuage.
Et le soleil était de feu,
Dans l'éther avançait dans l'âge…

Ce sacré silence de plomb !
De jour comme de nuit, ennuie !
Il est si lourd ! Il est si long !
Et la où l'on va, il nous suit…

Tout à coup, voici le tonnerre.
L'éclair déchire le ciel sombre.
Et toute démontée, la mer !
Nous étions un mois de décembre…

La grêle nous tombait sur la tête.
Les rafales nous bousculaient…
Au secours ! Voici la tempête !
Et les gens fuyaient et hurlaient…

*

Merveilles de la nature

Lorsqu'un calme subit survient ;
Quand au loin, l'astre d'or s'incline ;
Le jour, à un fil fin se tient ;
Les vacarmes qui se terminent…

Et scintille le firmament.
En douceur, la lune qui se glisse…
Tant d'étoiles, venues comment ?
Et notre Terre qui se hisse…

Puis, au loin, on entend les loups.
Leurs plaintes aigues nous font peur !
Mêlées aux cris des hiboux,
Voilà que les enfants ont peur !...

*

VII

Voici les animaux !

Le lion

Quand il rugit, la forêt tremble.
Et la faune prend les bagages !
C'est qui donc cela ? ça ressemble…
Le tonnerre ?...Et les nuages ?...

Non, ce n'est pas l'hippopotame,
Ni l'éléphant ni le chameau..
Il n'a jamais peur des « tam-tam ! »
Ni peur de tous les animaux…

Là où il veut, il se pavane.
Défiant même les camions !
C'est le roi de la savane :
Il s'agit, bien sûr…du lion !

*

Le léopard

Sa peau est tachetée…
Le zèbre ? Non, voyons…
Elle est vite achetée…
La girafe ?...Rions !...

Il est coureur, méchant !
Car il tue la gazelle.
Se cache dans les champs ;
Puis, il saute sur elle…

Ne donne pas sa part.
Il mange en rugissant.
Oui, c'est le léopard !
Comme c'est tracassant !...

*

Le loup

Il hurle fort la nuit.
Et d'autres lui répondent…
Quel tracas ! Quel bruit !
« C'est quoi ? », on se demande…

Il a soif ? Il a faim ?
Ne dort-il donc jamais ?
Le verra-on demain,
Tomber mort, affamé ?...

Il s'agit du vilain,
Ce grand loup solitaire.
Il aura toujours faim,
Sans plus jamais se taire…

*

« Piou-Piou »

Notre chien s'appelle « Piou-Piou ».
Il est tellement gentil, doux.
Blanche est la couleur de sa peau ;
Comme celle de mon manteau…

Il est avec nous où l'on va.
Tout en marchant, il suit nos pas.
Comme nous l'aimons ce « Piou-Piou » !
Et il adore bien les bisous !...

Un animal combien fidèle !
Comme il déteste les querelles,
Il prend ses jambes à son cou,
Et là commence ses courroux…

Il fait les courses pour maman,
Qui n'a plus ses jambes d'antan.
Il joue avec moi au ballon.
Après sa ration de…jambon !

*

Notre chat !

Mais n'oublions pas notre chat !
Il s'appelle, comment ? Rémi !
Il n'aime surtout pas les rats !
C'est leurs principaux ennemis !...

Il est roux, et surtout très beau !
Il ronronne dans le fauteuil,
Pendant que Piou-Piou fait des sauts…
Et maman, dans ses bras, l'accueille…

Ils font partie de la famille.
D'eux, on ne peut pas s'en passer.
Avec eux, est belle la vie.
Quoiqu'on fasse pour eux, pas assez…

*

Index

I- Les saisons--page 3
L'hiver---Page 4
L'automne (1)—--Page 5
L'automne (2)--Page 6
L'été--Page 7
Le printemps--Page 8
II-Les voyages---Page 9
Le train---Page 10
Le bateau--Page 11
La voiture--Page 12
L'avion--Page 13
Je cheval et la diligence---Page 14
III-Les métiers--Page 15
Le maçon---Page 16
Le mécanicien---Page 17
Le plombier--Page 18
Le menuisier--Page 19
IV-La pêche –la chasse---Page 20
La pêche à la main---Page 21
Les pigeons--Page 22
Le goret---Page 23
Le pêcheur---Page 24
Le pâtre--Page 25
V-Astronomie--Page 26
L'univers--Page 27
L'océan---Page 28
Le soleil--Page 29
La lune--Page 30
Les planètes---Page 31
La Terre--Page 32
Vi- Nature et environnement-----------------------------------Page 33
L'arbre---Page 34

Le vent--Page 35
Dame nature en colère--Page 36
Merveilles de la nature--Page 37
VII- Voici les animaux---Page 38
Le lion--Page 39
Le léopard--Page 40
Le loup--Page 41
Piou-Piou--Page 42
Notre chat--Page 43

*

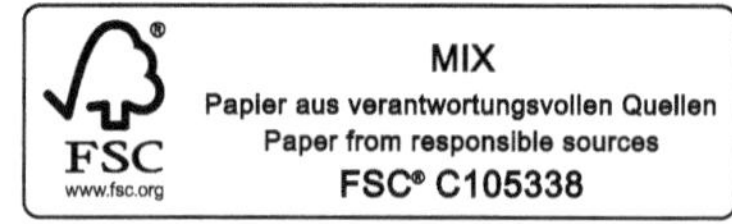

Printed by Books on Demand GmbH, Norderstedt / Germany